Vende tu Marca

Evelyn Wright

Evelyn Wright

Página de Derechos de Autor

Indice

¿Qué es una Marca y Por Qué es Importante?

Una marca es mucho más que un nombre o un logo. Es la forma en que las personas perciben un producto, un servicio o incluso una persona. Es la imagen mental que se forma en la mente de los consumidores cada vez que escuchan hablar de una empresa o de un profesional. Una marca es la suma de todo lo que una empresa representa: su identidad, sus valores, lo que promete a los clientes, y cómo esos clientes se sienten al interactuar con ella. En pocas palabras, una marca es la conexión emocional que se establece entre una entidad y su público. Por eso es tan importante entender que construir una marca sólida no se trata solo de crear un buen diseño, sino de lograr una relación genuina y duradera con el público.

La importancia de una marca radica en que es lo que diferencia a una empresa o a una persona de sus competidores. En un mercado saturado de opciones, tener una marca clara y definida permite que el público te reconozca, te recuerde y, lo más importante, te elija sobre las demás opciones. No importa si estás vendiendo un producto de alta tecnología o simplemente ofreciendo un servicio básico, lo que realmente destaca es cómo haces sentir a las personas cuando piensan en ti o en lo que ofreces. Una marca fuerte no solo genera ventas, sino que crea lealtad, y eso es lo que toda empresa o profesional desea: clientes que vuelvan una y otra vez.

Una marca también es importante porque transmite confianza. Los consumidores tienden a elegir marcas en las que confían, y esa confianza no se construye de la noche a la mañana. Requiere tiempo, consistencia y autenticidad. Cada interacción que los clientes tienen con tu marca, ya sea a través de una compra, una publicación en redes sociales o simplemente viendo tu logo, contribuye a esa confianza. Cuando una marca es coherente y cumple lo que promete, los clientes empiezan a asociarla con fiabilidad, y eso es clave para el éxito a largo plazo.

Otro aspecto vital de una marca es su capacidad para contar una historia. Las personas no solo compran productos o servicios, compran historias, compran experiencias. Piensa en las marcas más reconocidas del mundo: cada una de ellas cuenta una historia que conecta emocionalmente con su público. Ya sea la historia de superación de una pequeña empresa familiar que creció hasta convertirse en un gigante o la promesa de ofrecer el producto más innovador, una buena historia hace que una marca sea mucho más que algo material. Hace que las personas sientan que están siendo parte de algo más grande.

Además, una marca es un reflejo de los valores que defiendes. Hoy en día, más que nunca, los consumidores son conscientes de lo que hay detrás de una marca. Quieren saber que las empresas con las que se asocian comparten sus principios y valores. Ya no es suficiente ofrecer un buen producto; las personas quieren que las marcas en las que confían sean éticas, responsables y que hagan el bien. Por eso, al construir una marca, es esencial que pienses en los valores que quieres transmitir, ya que estos serán una parte fundamental de cómo las personas perciben y valoran tu oferta.

Por último, una marca es importante porque tiene el poder de influir. Una marca fuerte puede cambiar la forma en que las personas piensan, sienten y actúan. Puede hacer que las personas tomen decisiones basadas en emociones y no solo en lógica. Por ejemplo, una persona podría estar dispuesta a pagar más por un producto de una marca en la que confía, aunque haya otras opciones más baratas en el mercado. Esa es la magia de una marca bien construida: puede generar un impacto tan profundo en las personas que, a veces, no solo están comprando un producto, están comprando un sentimiento, un estilo de vida, una identidad.

En resumen, una marca es la representación emocional de todo lo que una empresa o persona es. Es la forma en que los demás te ven y la manera en que decides presentarte al mundo. Y es importante porque define quién eres, qué haces y cómo te conectas con tu público.

Construyendo los Cimientos de tu Marca

Construir los cimientos de una marca es el primer paso para lograr que las personas te reconozcan, confíen en ti y, finalmente, te elijan. Antes de pensar en logotipos, colores o campañas publicitarias, es esencial que te tomes el tiempo para definir los cimientos que sostendrán todo lo demás. Esto significa que tienes que preguntarte quién eres, qué ofreces y por qué importa lo que haces. Este proceso puede parecer algo abstracto al principio, pero es lo que le dará a tu marca una identidad sólida y coherente que las personas puedan reconocer y entender.

Lo primero que debes tener claro son los valores que quieres que tu marca represente. Los valores son las creencias fundamentales que guiarán todas las decisiones que tomes a partir de ahora. Estos valores pueden ser cosas como la honestidad, la innovación, la calidad, la sostenibilidad, o cualquier otro principio que consideres esencial. Piensa en los valores como el corazón de tu marca, aquello que la hace diferente de todas las demás y que le da sentido a lo que ofreces. Si tu marca no tiene valores bien definidos, será difícil conectar con las personas de una manera auténtica y significativa. Por eso, es vital que tomes el tiempo necesario para definir qué es lo que realmente te importa y cómo eso se refleja en tu marca.

Una vez que tengas claros los valores, es momento de definir la misión de tu marca. La misión es, básicamente, la razón por la que tu marca existe. ¿Por qué haces lo que haces? ¿Qué problema estás resolviendo para tus clientes? ¿Qué cambio quieres ver en el mundo a través de tu marca? Esta misión debe ser clara, simple y fácil de entender para cualquier persona que se cruce con tu marca. No tiene que ser algo muy complicado o grandioso, solo tiene que ser auténtico. Por ejemplo, si tienes una marca de productos de cuidado personal, tu misión podría ser "proveer productos naturales que ayuden a las personas a cuidar su piel de manera saludable y sin químicos agresivos". Lo importante es que esta misión sea algo con lo que tanto tú como tu público puedan identificarse.

El siguiente paso en la construcción de los cimientos de tu marca es definir tu propuesta de valor. Aquí es donde realmente empiezas a darle forma a lo que ofreces. La propuesta de valor es lo que diferencia a tu marca de otras que ofrecen productos o servicios similares. Es la respuesta a la pregunta: ¿por qué alguien debería elegirte a ti en lugar de a la competencia? Para definirla, es útil pensar en lo que haces mejor que nadie. Tal vez tus productos son más accesibles, de mayor calidad o están hechos con ingredientes únicos. O quizás lo que ofreces es una experiencia al cliente que nadie más puede igualar. Sea lo que sea, debe quedar claro qué es lo que tu marca aporta que otras no pueden. Esa será la razón principal por la cual las personas te elegirán a ti.

Una parte fundamental de estos cimientos es conocer a tu audiencia. No puedes construir una marca sólida si no sabes para quién estás construyendo. ¿Quién es tu público objetivo? ¿Qué necesitan? ¿Cuáles son sus preocupaciones, deseos y expectativas? Entender a tu audiencia es clave porque te permitirá diseñar una marca que hable directamente a ellos. Si intentas llegar a todo el mundo, es muy probable que no llegues a nadie. Debes ser específico en tu enfoque. Si tu audiencia son jóvenes interesados en la moda sostenible, tus decisiones de diseño, tono de voz y mensajes serán muy diferentes a los de una marca que se dirige a empresarios en busca de tecnología innovadora. Conocer a tu audiencia te permitirá conectar de una manera más profunda y auténtica.

También es importante que consideres la coherencia como uno de los pilares de tu marca. La coherencia significa que todos los aspectos de tu marca deben estar alineados con los valores, la misión y la propuesta de valor que has definido. Esto incluye desde el diseño de tu logotipo y la elección de los colores hasta la forma en que te comunicas con los clientes en redes sociales o el servicio de atención al cliente. Si tu marca promete algo, debe cumplirlo en cada interacción que tengas con tu público. La coherencia es lo que genera confianza y credibilidad, dos elementos esenciales para el éxito de cualquier marca. Si tu marca es coherente en todo momento, las personas sabrán qué esperar de ti y podrán confiar en que les ofrecerás lo que prometes.

Finalmente, no olvides que los cimientos de una marca no son algo estático. Aunque es importante que tus valores, misión y propuesta de valor sean sólidos, también debes ser flexible y estar dispuesto a adaptarte cuando sea necesario. Los mercados cambian, las tendencias evolucionan y las necesidades de los clientes pueden variar con el tiempo. Tu marca debe estar preparada para evolucionar con ellos. Esto no significa que debas cambiar tus principios fundamentales, pero sí estar abierto a ajustar ciertos aspectos para mantenerte relevante y conectado con tu audiencia. La capacidad de adaptación es lo que hará que tu marca perdure en el tiempo.

En resumen, construir los cimientos de tu marca es un proceso esencial que define quién eres, qué haces y cómo te relacionas con tu público. Al tener valores claros, una misión definida, una propuesta de valor única y un enfoque coherente, estarás en el camino correcto para crear una marca sólida que resista el paso del tiempo y conecte de manera genuina con las personas.

El Poder del Diseño de Marca

El diseño de una marca es una de las herramientas más poderosas que tienes para comunicar lo que eres y lo que ofreces, sin necesidad de palabras. Es el primer contacto que la mayoría de las personas tendrá con tu marca, y aunque muchas veces pueda parecer algo superficial, el diseño es capaz de transmitir mensajes muy profundos en cuestión de segundos. Un buen diseño de marca puede ser la diferencia entre captar la atención de alguien o pasar desapercibido. Y no solo se trata de hacer algo que sea visualmente atractivo; se trata de diseñar algo que represente de manera clara y efectiva lo que tu marca quiere transmitir.

Cuando hablamos de diseño de marca, nos referimos a muchos elementos que, juntos, crean una imagen coherente y reconocible. El más obvio es el logo, pero también están los colores, las tipografías, las imágenes y hasta la forma en que organizas la información en tus productos o publicidad. Todos estos elementos se combinan para crear una identidad visual única que debe reflejar la esencia de tu marca. Un diseño efectivo no solo hace que las personas recuerden tu marca, sino que también les transmite una serie de emociones y sensaciones que los llevan a conectar contigo de manera más profunda.

El poder del diseño de marca radica en que puede comunicar una idea compleja de manera rápida y sencilla. Por ejemplo, los colores que elijas para tu marca tienen un impacto directo en cómo las personas la perciben. Los colores no solo son agradables a la vista; también evocan emociones. El azul, por ejemplo, suele asociarse con confianza y profesionalismo. Es por eso que tantas empresas del sector financiero o tecnológico lo usan. El rojo, por otro lado, es un color que transmite energía, pasión y urgencia, por lo que lo vemos en marcas que quieren atraer la atención rápidamente, como las de comida rápida. Elegir los colores correctos para tu marca no es solo una cuestión estética, sino una decisión estratégica que influye directamente en cómo te perciben los demás.

Otro aspecto clave del diseño de marca es el logotipo. Este pequeño símbolo o conjunto de palabras es, muchas veces, la representación visual más directa de lo que eres. Un buen logotipo debe ser simple, memorable y, lo más importante, representativo de tu marca. No tiene que ser complicado ni extremadamente detallado; de hecho, algunos de los logos más efectivos y reconocibles del mundo son increíblemente simples. Piensa en los logos de grandes marcas como Nike o Apple. Son simples, pero tienen un impacto enorme porque representan perfectamente la identidad de esas marcas. Un buen logo es fácil de recordar y ayuda a que las personas te reconozcan rápidamente.

Además del logo y los colores, la tipografía que elijas también juega un papel importante en el diseño de tu marca. Al igual que con los colores, las diferentes tipografías pueden transmitir diferentes sensaciones. Las tipografías serif, que tienen pequeños detalles en las letras, suelen ser vistas como tradicionales y confiables, mientras que las tipografías sans-serif, más limpias y modernas, son percibidas como frescas y sencillas. Elegir la tipografía correcta puede hacer que tus mensajes sean más claros y refuercen la personalidad de tu marca. Es por eso que las grandes marcas cuidan cada detalle, incluso el tipo de letra que utilizan en sus productos o anuncios.

El diseño de marca también tiene que ver con la consistencia. No importa lo buenos que sean los elementos individuales de tu diseño si no están bien coordinados y si no se presentan de manera coherente en todos los puntos de contacto con tu público. Desde tu sitio web y redes sociales hasta el empaque de tus productos, todo debe seguir una misma línea visual que refuerce la identidad de tu marca. La consistencia en el diseño es clave para crear una imagen de marca fuerte y confiable. Si las personas ven una cosa en tu página web, otra diferente en tus redes sociales y algo completamente distinto en tus productos, se generará confusión y perderás la oportunidad de crear una conexión clara y sólida.

Un diseño de marca poderoso también tiene el potencial de hacer que las personas se sientan parte de algo más grande. Piensa en las marcas que tienen seguidores leales, casi como una comunidad. Muchas veces, esa lealtad se construye a través de una identidad visual que los consumidores adoptan como parte de su propio estilo de vida. Marcas de moda, tecnología o incluso alimentos han logrado esto gracias a un diseño de marca que no solo es atractivo, sino que también crea un sentido de pertenencia. Esto ocurre cuando el diseño de tu marca es capaz de comunicar de manera efectiva quién eres y qué representas, permitiendo que las personas se sientan conectadas con esos valores y quieran formar parte de lo que ofreces.

El diseño de marca también puede ser una herramienta para contar tu historia. Cada elemento de tu diseño puede ser una pieza más en la narrativa de tu marca. Desde los colores hasta el logotipo, todo puede tener un significado que refuerce el mensaje que quieres transmitir. Por ejemplo, si tu marca tiene un enfoque ecológico, puedes utilizar colores y elementos visuales que remitan a la naturaleza, lo que ayudará a que las personas asocien tu marca con la sostenibilidad. De esta manera, el diseño se convierte en una extensión de la historia que estás contando, y ayuda a crear una conexión emocional más fuerte con tu audiencia.

En conclusión, el poder del diseño de marca va mucho más allá de lo que parece a simple vista. No se trata solo de crear algo bonito, sino de diseñar una identidad visual que comunique de manera efectiva quién eres, qué haces y cómo quieres que las personas te perciban. Desde los colores hasta el logotipo y la tipografía, cada detalle del diseño es una oportunidad para fortalecer tu marca y conectar emocionalmente con tu público. Un diseño bien pensado no solo hará que las personas te recuerden, sino que también las inspirará a confiar en ti y a formar parte de lo que ofreces.

El Significado Detrás de tu Logo

El logo es uno de los elementos más importantes de tu marca. Aunque pueda parecer solo un símbolo o un conjunto de letras, su significado va mucho más allá de lo visual. El logo es, en muchos casos, la primera impresión que las personas tendrán de tu marca, y es lo que las ayudará a recordarte cada vez que lo vean. Es como la cara de tu marca, y lo que logres transmitir con él influirá directamente en cómo las personas te perciben. Un buen logo no es solo estéticamente agradable, sino que también cuenta una historia, expresa los valores de tu marca y conecta emocionalmente con tu audiencia.

Cada elemento de un logo tiene un significado detrás. Desde la forma hasta los colores, todo está ahí para comunicar algo específico. Por ejemplo, las formas redondeadas en un logo pueden transmitir suavidad, armonía y accesibilidad, mientras que las formas angulares suelen asociarse con fuerza, estabilidad o precisión. Lo interesante del diseño de un logo es que, aunque sea simple, tiene el poder de comunicar ideas complejas en cuestión de segundos. Las personas, aunque no lo noten conscientemente, perciben estos mensajes al ver un logo y forman una impresión inmediata sobre la marca que representa.

El color es uno de los aspectos más poderosos del significado detrás de un logo. Los colores tienen la capacidad de evocar emociones y generar asociaciones. Por eso es esencial que elijas los colores de tu logo con cuidado, pensando en lo que quieres que las personas sientan cuando vean tu marca. Los tonos cálidos como el rojo o el naranja pueden transmitir energía, pasión o urgencia, mientras que los tonos fríos como el azul o el verde evocan calma, confianza o serenidad. Un logo en blanco y negro puede dar una sensación de elegancia, simplicidad o profesionalismo. Cada color tiene su propio lenguaje visual y contribuye a la manera en que tu marca es percibida.

Además del color, la tipografía que elijas para tu logo también tiene un significado profundo. No es lo mismo utilizar una tipografía con trazos elegantes y delicados que una tipografía moderna y minimalista. Las letras con curvas suaves suelen dar una impresión más amigable y accesible, mientras que las letras con ángulos rectos y líneas duras pueden comunicar fuerza o formalidad. Por ejemplo, las marcas de lujo suelen utilizar tipografías más refinadas y estilizadas, mientras que las marcas tecnológicas suelen preferir tipografías limpias y sin adornos, que transmiten innovación y modernidad. Es increíble cómo, sin necesidad de palabras, una simple elección de tipografía puede cambiar por completo el tono de tu marca.

Otro aspecto importante en el diseño de un logo es la simetría. Los logos simétricos, aquellos que son visualmente equilibrados, tienden a dar una sensación de estabilidad, orden y confianza. En cambio, los logos asimétricos pueden transmitir dinamismo, creatividad o una actitud más informal. La simetría o asimetría de tu logo también comunica algo sobre la personalidad de tu marca. Un logo perfectamente equilibrado puede decir que tu marca es confiable y sólida, mientras que un logo más desestructurado puede mostrar que tu marca es original, innovadora o que está dispuesta a romper con las normas establecidas.

El minimalismo es otra tendencia en el diseño de logos que tiene mucho significado. Un logo minimalista, con pocos elementos y formas sencillas, suele transmitir claridad, modernidad y profesionalismo. Este tipo de logos funcionan bien en una época donde las personas están expuestas a una cantidad abrumadora de información y mensajes visuales. Un logo simple y directo puede destacar entre el ruido y ser más fácil de recordar. Sin embargo, aunque un logo minimalista pueda parecer sencillo a primera vista, eso no significa que sea fácil de diseñar. Requiere mucha atención a los detalles y a la forma en que cada elemento se relaciona con el mensaje que quieres transmitir.

Además de lo visual, el logo también puede tener un significado emocional. Las personas tienden a crear vínculos emocionales con las marcas que les resultan familiares o que les generan una sensación de pertenencia. Por eso es importante que el diseño de tu logo refleje los valores y la personalidad de tu marca. Si tu marca se preocupa por el bienestar del medio ambiente, por ejemplo, es posible que utilices colores verdes o formas que recuerden a la naturaleza, lo que ayudará a crear una conexión emocional con las personas que comparten esos mismos valores. Cuando tu logo refleja de manera auténtica lo que eres, es más fácil que tu audiencia se identifique con él y desarrolle lealtad hacia tu marca.

El logo también tiene la capacidad de evolucionar con el tiempo. Muchas marcas empiezan con un logo que representa su visión original, pero a medida que crecen y cambian, el logo también puede adaptarse para reflejar esos nuevos objetivos. Esta evolución no significa que tengas que cambiar por completo tu logo, pero pequeños ajustes pueden mantenerlo fresco y relevante, sin perder su esencia. Piensa en marcas que han pasado por varias versiones de su logo, pero que aún son reconocibles por su público. Estas actualizaciones suelen ser sutiles, pero reflejan la capacidad de la marca para adaptarse a nuevas tendencias y necesidades sin dejar de ser fiel a sus raíces.

En resumen, el significado detrás de un logo va mucho más allá de lo que se ve a simple vista. Cada forma, color, tipografía y detalle está diseñado para transmitir un mensaje y conectar con tu audiencia de manera visual y emocional. Un buen logo no solo es memorable, sino que también representa fielmente los valores, la personalidad y la misión de tu marca. Es una herramienta poderosa que, cuando se diseña de manera estratégica, tiene el potencial de dejar una impresión duradera en la mente de las personas y de comunicar de manera efectiva quién eres y qué ofreces.

El Lenguaje de tu Marca

El lenguaje de tu marca es la forma en que te comunicas con el mundo. No se trata solo de las palabras que eliges, sino del tono, el estilo y la manera en que esas palabras reflejan la personalidad de tu marca. Así como el diseño visual es esencial para captar la atención, el lenguaje que utilizas es lo que ayudará a crear una conexión más profunda con tu audiencia. Es la voz de tu marca, y esa voz debe ser coherente y auténtica en todos los puntos de contacto, ya sea en tu sitio web, redes sociales, correos electrónicos o cualquier otra forma de comunicación.

El primer paso para definir el lenguaje de tu marca es entender su personalidad. Pregúntate cómo quieres que las personas perciban a tu marca. ¿Es amigable y cercana? ¿Es profesional y seria? ¿Es creativa y moderna? La personalidad de tu marca debe estar alineada con los valores y la misión que has definido previamente. Si, por ejemplo, tu marca está enfocada en ofrecer soluciones tecnológicas innovadoras, es probable que quieras un tono más profesional y directo, mientras que si te diriges a un público joven y creativo, puedes permitirte ser más informal y divertido. La clave es que el lenguaje que elijas refleje de manera precisa quién eres y cómo quieres que las personas se relacionen contigo.

Una vez que tengas clara la personalidad de tu marca, es importante definir el tono que usarás en todas tus comunicaciones. El tono es el matiz que le das a las palabras y cómo haces que tu mensaje suene. Un mismo mensaje puede ser transmitido de distintas formas dependiendo del tono que utilices. Por ejemplo, si vendes productos para el bienestar, puedes optar por un tono calmado y alentador, que inspire confianza y tranquilidad. Por otro lado, si tu marca está relacionada con la moda o la tecnología, tal vez quieras usar un tono más dinámico y enérgico que refleje la innovación y las tendencias. El tono correcto ayuda a que las personas se sientan identificadas con tu marca y perciban coherencia en todo lo que haces.

Además del tono, el estilo de escritura es otro aspecto clave del lenguaje de tu marca. Algunas marcas eligen un estilo más formal y estructurado, mientras que otras prefieren un estilo más coloquial y relajado. Por ejemplo, una marca que se dirige a ejecutivos de alto nivel puede utilizar un estilo más técnico y preciso, con un lenguaje formal que transmita autoridad. En cambio, una marca dirigida a un público joven podría preferir un estilo más casual, utilizando palabras sencillas y expresiones que suenen naturales y cercanas. Definir el estilo de tu marca te permitirá comunicarte de manera consistente y asegurarte de que tu mensaje siempre llegue de la forma correcta.

El lenguaje de tu marca también debe estar alineado con el tipo de audiencia al que te diriges. No es lo mismo hablarle a profesionales experimentados en un sector específico que a personas que recién están comenzando a conocer un producto o servicio. Por eso, es fundamental conocer bien a tu audiencia para saber qué tipo de lenguaje resonará mejor con ellos. Si tu público es más técnico, es probable que aprecien un lenguaje más especializado, mientras que si te diriges a un público más general, es importante utilizar palabras más accesibles y fáciles de entender. Esto ayudará a que tus mensajes sean claros y efectivos, independientemente del nivel de conocimiento de tu audiencia.

Otro aspecto importante del lenguaje de tu marca es la coherencia. Es crucial que mantengas el mismo estilo y tono en todas tus comunicaciones, sin importar el canal en el que te estés comunicando. Si utilizas un tono amigable y cercano en tus redes sociales, pero en tu sitio web adoptas un tono distante y formal, generarás confusión en tu audiencia. La coherencia en el lenguaje crea confianza, ya que las personas saben qué esperar de ti en todo momento. Esta coherencia también refuerza la identidad de tu marca, haciéndola más fácil de reconocer y recordar. Cada palabra que elijas debe estar en línea con la imagen que quieres proyectar y con la experiencia que deseas ofrecer.

El lenguaje de tu marca no solo se limita a la forma en que te comunicas directamente con tu audiencia, sino también a cómo hablas de tus productos o servicios. La manera en que describas lo que ofreces debe ser clara, pero también debe transmitir el valor de lo que estás vendiendo. Aquí es importante evitar el uso excesivo de jerga técnica o palabras complicadas que puedan alienar a tu audiencia. Tu objetivo es que las personas entiendan exactamente qué haces y por qué es valioso para ellos. Un lenguaje claro, directo y enfocado en los beneficios que ofreces es clave para captar la atención de tus clientes potenciales y motivarlos a tomar acción.

Además, es esencial que el lenguaje de tu marca tenga un componente emocional. Las personas no solo compran productos o servicios; compran emociones, experiencias y soluciones a sus problemas. Al utilizar un lenguaje que apele a las emociones de tu audiencia, estarás construyendo una conexión más profunda con ellos. Por ejemplo, si tu marca vende productos ecológicos, puedes utilizar un lenguaje que hable sobre la importancia de cuidar el planeta y cómo tu producto les ayuda a ser parte de ese cambio. Al conectar con las emociones de tu audiencia, lograrás que se identifiquen más con tu marca y se sientan más inclinados a apoyarla.

El lenguaje también tiene el poder de contar una historia. Una marca que cuenta una historia de manera auténtica y atractiva tiene más probabilidades de captar la atención de su audiencia y generar un impacto duradero. La historia de tu marca puede incluir por qué decidiste fundarla, qué desafíos has superado o qué te inspira a hacer lo que haces. Al utilizar el lenguaje para contar tu historia, no solo estarás humanizando tu marca, sino que también estarás creando un vínculo emocional con las personas que te siguen. Las historias son una de las formas más efectivas de comunicación, y cuando logras contar una buena historia, es más probable que las personas se sientan conectadas con tu marca a nivel personal.

En resumen, el lenguaje de tu marca es una parte esencial de su identidad. No solo es la manera en que te comunicas, sino también cómo construyes relaciones, transmites emociones y cuentas tu historia. Un lenguaje bien definido y coherente te permitirá crear una conexión más profunda con tu audiencia, aumentar la confianza en tu marca y hacer que las personas se sientan identificadas contigo. Desde el tono hasta el estilo, pasando por la elección de palabras, todo debe estar alineado con la personalidad de tu marca y con los valores que quieres transmitir. Al cuidar el lenguaje de tu marca, estarás creando una voz única y reconocible que te ayudará a destacar en un mercado competitivo.

Define tu Audiencia Ideal

Definir tu audiencia ideal es uno de los pasos más importantes al momento de construir tu marca. No puedes vender un producto o servicio de manera efectiva si no sabes exactamente a quién le estás hablando. Muchas veces, las marcas cometen el error de intentar dirigirse a todo el mundo, pensando que de esa manera tendrán más oportunidades de venta. Pero, en realidad, es mucho más efectivo concentrarse en un grupo específico de personas que realmente necesitan lo que ofreces y que estarán más inclinadas a comprarlo. Este grupo es tu audiencia ideal, y cuando la defines correctamente, tus esfuerzos de marketing y ventas se vuelven mucho más eficientes.

El primer paso para definir tu audiencia ideal es pensar en quiénes son esas personas que se beneficiarían más de lo que ofreces. Esto implica tener una idea clara de qué tipo de problema resuelve tu producto o servicio y qué tipo de persona está más interesada en resolver ese problema. Por ejemplo, si tu marca vende productos de belleza ecológicos, probablemente tu audiencia ideal esté formada por personas que se preocupan por el medio ambiente, que valoran el bienestar personal y que buscan productos naturales y sostenibles. Estas personas están más dispuestas a pagar por productos que se alinean con sus valores y estilo de vida.

Una vez que tienes una idea general de quién podría ser tu audiencia ideal, es importante profundizar más en sus características. Esto se conoce como crear un perfil o "buyer persona", que es una descripción detallada de tu cliente ideal. Este perfil debe incluir datos como la edad, el género, el lugar donde viven, su nivel educativo y profesional, así como sus intereses, valores y necesidades. Por ejemplo, si tu producto está dirigido a madres jóvenes que buscan ropa cómoda y funcional para sus hijos, debes considerar su rutina diaria, los desafíos que enfrentan y qué es lo que más valoran en las marcas que compran. Cuanto más claro tengas el perfil de tu audiencia ideal, mejor podrás adaptar tu mensaje para resonar con ellos.

Además de los datos demográficos, es importante entender el comportamiento de tu audiencia ideal. ¿Dónde pasan su tiempo en línea? ¿Qué tipo de contenido consumen? ¿Cuáles son sus redes sociales favoritas? Estas preguntas te ayudarán a saber dónde encontrarlos y cómo hablarles de manera efectiva. Si tu audiencia ideal pasa mucho tiempo en Instagram, es posible que tu estrategia de marketing deba incluir una fuerte presencia en esa plataforma, con imágenes y videos atractivos que capten su atención. Por otro lado, si tu audiencia ideal prefiere leer blogs o ver videos informativos en YouTube, entonces deberías enfocar tus esfuerzos en crear contenido que les aporte valor en esos espacios.

Entender las motivaciones de tu audiencia también es clave. ¿Qué los impulsa a comprar un producto o servicio? Algunos pueden estar motivados por el precio, mientras que otros pueden estar más interesados en la calidad o en la experiencia que la marca les ofrece. Si conoces qué es lo que más valora tu audiencia, podrás destacar esos aspectos en tu mensaje de marketing y hacer que tu oferta sea más atractiva para ellos. Por ejemplo, si tu audiencia ideal valora la sostenibilidad, asegúrate de resaltar cómo tus productos están hechos con materiales ecológicos o cómo tu empresa está comprometida con prácticas responsables. Al conectar con lo que realmente les importa, es más probable que se sientan identificados con tu marca y que elijan comprarte a ti en lugar de a la competencia.

Otra forma de definir mejor a tu audiencia ideal es pensar en los desafíos y problemas que enfrentan en su vida cotidiana. La mayoría de las personas buscan productos o servicios que les ayuden a resolver algún tipo de problema o a mejorar su vida de alguna manera. Por ejemplo, si tu marca vende herramientas de productividad, tu audiencia ideal podría estar formada por profesionales ocupados que necesitan organizar mejor su tiempo y ser más eficientes en su trabajo. Si entiendes estos problemas, puedes adaptar tu mensaje para mostrar cómo tu producto o servicio es la solución perfecta para ellos. Al hablar directamente de sus preocupaciones y ofrecer una solución clara, estarás captando su atención de manera más efectiva.

No debes olvidar que la audiencia ideal también puede cambiar o evolucionar con el tiempo. A medida que tu marca crece y se desarrolla, es posible que descubras que atraes a diferentes tipos de clientes o que tu oferta comienza a resonar con nuevos grupos de personas. Por eso es importante revisar y ajustar tu perfil de audiencia ideal periódicamente, para asegurarte de que siempre estás alineado con las personas que tienen más probabilidades de comprar tu producto. Mantente atento a los comentarios de tus clientes actuales, analiza las tendencias del mercado y evalúa constantemente si tu audiencia sigue siendo la misma o si necesitas ajustar tu estrategia para alcanzar a nuevos grupos.

Definir tu audiencia ideal no solo te ayudará a vender más, sino que también te permitirá crear una conexión más auténtica con las personas. Cuando entiendes a tu audiencia, puedes hablarles de una manera que les resulte cercana y personal. En lugar de lanzar un mensaje genérico que podría pasar desapercibido, estarás hablando directamente a las personas que más te importan, utilizando un lenguaje y un enfoque que resuenen con ellas. Esto crea una relación más fuerte y duradera entre tu marca y tu audiencia, lo que a largo plazo puede traducirse en clientes leales y en embajadores de tu marca.

Una vez que tienes claro quién es tu audiencia ideal, puedes adaptar todos los aspectos de tu marca para alinearte con sus expectativas y deseos. Desde el diseño de tu producto hasta la forma en que presentas tus mensajes, todo debe estar pensado para captar su atención y satisfacer sus necesidades. Por ejemplo, si tu audiencia ideal valora la simplicidad, asegúrate de que tu sitio web sea fácil de navegar y que tu proceso de compra sea lo más sencillo posible. Si les importa la personalización, considera ofrecer opciones para que puedan adaptar tus productos a sus preferencias. Al ajustar tu oferta a lo que realmente le importa a tu audiencia, estarás creando una experiencia más satisfactoria para ellos y aumentando las probabilidades de éxito para tu marca.

En resumen, definir tu audiencia ideal es un paso fundamental para construir una marca exitosa. No se trata solo de saber a quién le estás vendiendo, sino de entender profundamente sus necesidades, deseos y comportamientos. Al crear un perfil detallado de tu cliente ideal, podrás adaptar tus estrategias de marketing y ventas para conectarte de manera más efectiva con las personas que están más interesadas en lo que ofreces. Esta conexión no solo te ayudará a vender más, sino que también te permitirá construir una relación más auténtica y duradera con tu audiencia, lo que es clave para el éxito a largo plazo de tu marca.

Haz tu Marca Viral

Hacer que tu marca se vuelva viral es uno de los sueños más grandes de cualquier negocio o emprendedor. La viralidad es cuando un contenido o una idea se difunde rápidamente entre muchas personas, generando una enorme exposición en muy poco tiempo. Sin embargo, la viralidad no ocurre por accidente; aunque a veces parece espontánea, muchas marcas logran hacerse virales a través de estrategias bien planificadas y de un conocimiento profundo de lo que capta la atención del público. Lograr que tu marca se vuelva viral no es sencillo, pero hay varios pasos que puedes seguir para aumentar las posibilidades de que más personas hablen de tu marca y la compartan de forma masiva.

El primer paso para hacer que tu marca se vuelva viral es crear contenido que sea altamente compartible. Esto significa que el contenido debe ser lo suficientemente interesante, entretenido o útil como para que las personas sientan la necesidad de compartirlo con sus amigos y seguidores. El contenido compartible puede ser de muchos tipos: un video divertido, una infografía informativa, un artículo inspirador o incluso un meme. Lo importante es que tu contenido resuene con tu audiencia y les genere algún tipo de emoción, ya sea risa, sorpresa, empatía o incluso curiosidad. Si el contenido genera una reacción emocional, es más probable que las personas quieran compartirlo, y eso es lo que puede iniciar el proceso de viralización.

Además, para que tu contenido sea compartible, debe ser visualmente atractivo. Hoy en día, las personas consumen grandes cantidades de información visual, especialmente en redes sociales como Instagram, TikTok y Facebook. El contenido que incluye imágenes, gráficos o videos tiene muchas más posibilidades de ser compartido que el contenido que solo contiene texto. Incluso si estás compartiendo un mensaje importante o informativo, es recomendable acompañarlo con un diseño atractivo o con imágenes que capten la atención desde el primer momento. Si logras que las personas se detengan a ver tu contenido, estarás un paso más cerca de que lo compartan con otros.

Otro aspecto clave para hacer que tu marca se vuelva viral es aprovechar el poder de las redes sociales. Las redes sociales son el lugar ideal para que el contenido se difunda de manera rápida y eficiente. Las plataformas como Instagram, Twitter, Facebook y TikTok tienen la capacidad de amplificar tu mensaje y hacer que llegue a miles o incluso millones de personas en poco tiempo. Para aprovechar al máximo las redes sociales, es importante que publiques contenido de manera constante y que interactúes con tu audiencia. Responde a los comentarios, comparte historias detrás de tu marca y participa en conversaciones relevantes dentro de tu nicho. Cuanta más visibilidad logres en las redes sociales, más probabilidades tendrás de que tu marca se vuelva viral.

Una estrategia efectiva para aumentar la viralidad es colaborar con influencers o personas que ya tienen una gran audiencia en redes sociales. Los influencers tienen la capacidad de hacer que tu marca llegue a más personas, ya que cuentan con seguidores que confían en sus recomendaciones y contenidos. Al trabajar con un influencer que se alinee con los valores de tu marca, puedes obtener una mayor exposición de una manera auténtica y confiable. Los influencers pueden ayudarte a crear contenido, hacer menciones de tu marca o incluso participar en campañas más elaboradas que capten la atención de su audiencia. Al asociarte con las personas correctas, puedes aumentar considerablemente las probabilidades de que tu marca se vuelva viral.

Otra manera de hacer que tu marca se vuelva viral es crear campañas de marketing que incentiven la participación del público. Los concursos, desafíos o sorteos son formas efectivas de motivar a las personas a interactuar con tu marca y compartirla con otros. Por ejemplo, puedes organizar un concurso en el que los participantes deban compartir una foto utilizando tu producto o crear un desafío en TikTok que involucre a los usuarios bailando o actuando de una manera relacionada con tu marca. Al ofrecer un premio o reconocimiento, las personas estarán más dispuestas a participar y compartir el contenido, lo que aumentará las posibilidades de que se difunda ampliamente. Estos tipos de campañas no solo ayudan a generar viralidad, sino que también fomentan una mayor conexión con tu audiencia.

El storytelling, o contar historias, también puede ser una herramienta poderosa para hacer que tu marca se vuelva viral. Las personas aman las buenas historias, especialmente aquellas que son emotivas, inspiradoras o sorprendentes. Si puedes contar la historia de tu marca de una manera que toque las emociones de las personas, es más probable que compartan esa historia con otros. Por ejemplo, podrías contar la historia de cómo nació tu marca, los desafíos que enfrentaste en el camino o cómo tu producto o servicio ha impactado positivamente en la vida de alguien. Al conectar emocionalmente con tu audiencia, no solo estarás generando más interés en tu marca, sino que también estarás creando un contenido que las personas querrán compartir porque les hace sentir algo.

El momento también es un factor clave para que tu marca se vuelva viral. A veces, el éxito viral tiene que ver con estar en el lugar correcto en el momento correcto. Esto puede significar aprovechar una tendencia actual o subirse a una conversación que ya está sucediendo en redes sociales. Por ejemplo, si hay un tema popular que está circulando en las redes y tu marca puede relacionarse de alguna manera, puedes unirte a esa conversación y aumentar las posibilidades de que tu contenido se comparta. Estar atento a lo que está sucediendo en el mundo digital y saber cuándo intervenir con contenido relevante puede ser una excelente manera de captar la atención y lograr que tu marca se difunda.

Además, si quieres que tu marca se vuelva viral, debes asegurarte de que sea fácil compartir tu contenido. Esto significa que tu contenido debe estar disponible en los formatos adecuados para cada plataforma y que las personas puedan compartirlo con solo un clic. Agregar botones de "compartir" en tu sitio web, facilitar la descarga de imágenes o videos y asegurarte de que tu contenido esté optimizado para dispositivos móviles son algunas de las maneras en que puedes hacer que sea más sencillo para tu audiencia difundir tu marca. Cuanto más fácil sea para las personas compartir tu contenido, más probabilidades tendrás de que se vuelva viral.

Finalmente, la autenticidad es clave para la viralidad. Las personas son cada vez más conscientes y críticas de lo que consumen en línea, y pueden notar fácilmente cuando algo parece forzado o no es genuino. Si quieres que tu marca se vuelva viral, es importante que el contenido que creas y las historias que cuentas sean auténticas y alineadas con los valores de tu marca. No intentes copiar lo que otras marcas están haciendo o seguir fórmulas que no se sientan naturales para ti. En lugar de eso, concéntrate en mostrar la verdadera esencia de tu marca y en conectar con tu audiencia de una manera honesta. La autenticidad no solo hará que tu contenido sea más valioso, sino que también aumentará la probabilidad de que las personas lo compartan porque sienten que es algo real y significativo.

En resumen, hacer que tu marca se vuelva viral no es una tarea fácil, pero con una estrategia bien pensada y una comprensión clara de tu audiencia, es posible lograrlo. Crea contenido compartible, aprovecha las redes sociales, colabora con influencers, utiliza el poder de las historias y asegúrate de que tu marca sea fácil de compartir. La viralidad puede parecer impredecible, pero al seguir estos pasos y ser auténtico en todo lo que haces, aumentarás tus posibilidades de que tu marca se difunda ampliamente y capture la atención de una gran audiencia.

Cómo Crear una Experiencia que Enamore

Crear una experiencia que enamore a tus clientes es fundamental para el éxito de cualquier marca. No se trata solo de ofrecer un buen producto o servicio, sino de construir una conexión emocional con las personas que interactúan con tu marca. Las experiencias que enamoran son aquellas que van más allá de satisfacer una necesidad o resolver un problema; son aquellas que tocan el corazón, que sorprenden y que hacen que los clientes se sientan valorados y especiales. En una época en la que hay tantas opciones disponibles, lo que diferencia a una marca exitosa de las demás es su capacidad para crear momentos inolvidables que generen lealtad y un vínculo genuino con su audiencia.

El primer paso para crear una experiencia que enamore es conocer bien a tus clientes. No puedes enamorar a alguien sin entender lo que le gusta, lo que le preocupa o lo que necesita. Esto implica escuchar a tus clientes, analizar sus comportamientos y tener una comprensión clara de sus expectativas. Una vez que sepas quiénes son y qué valoran, puedes adaptar cada interacción para que se sientan como si la experiencia estuviera hecha a su medida. Por ejemplo, si tienes un negocio de ropa y sabes que a tus clientes les gusta la moda sostenible, puedes destacar cómo tus productos están hechos de materiales ecológicos y resaltar el impacto positivo que tienen en el medio ambiente. De esta manera, no solo estarás vendiendo un producto, sino ofreciendo una experiencia alineada con los valores de tu audiencia.

Una parte importante de crear una experiencia que enamore es ser coherente con los valores de tu marca. Si tus clientes sienten que hay autenticidad detrás de lo que ofreces, estarán más inclinados a confiar en ti y a sentirse conectados con tu marca. Esto significa que cada punto de contacto con tu cliente debe reflejar los valores que defiendes. Desde el diseño de tu producto hasta la manera en que te comunicas en redes sociales o en el servicio al cliente, todo debe ser coherente. Si tu marca se enfoca en la simplicidad y el minimalismo, asegúrate de que tus mensajes sean claros y directos, y de que la experiencia de compra sea lo más sencilla posible. Al ser coherente, crearás una experiencia fluida y agradable que hará que los clientes se sientan comprendidos y valorados.

Otro aspecto fundamental para enamorar a tus clientes es sorprenderlos. Las personas valoran las sorpresas, especialmente cuando son positivas y van más allá de lo que esperaban. Estas sorpresas pueden ser pequeñas, pero tienen un gran impacto. Por ejemplo, podrías enviar una nota personalizada con cada compra o incluir un pequeño regalo adicional que los clientes no esperaban. Otra manera de sorprender a tus clientes es proporcionarles un servicio más rápido de lo prometido o hacer un seguimiento después de la compra para asegurarte de que estén satisfechos. Las pequeñas atenciones y los gestos inesperados son los que hacen que una marca destaque y que los clientes quieran volver una y otra vez.

La personalización es otra clave para crear una experiencia que enamore. Hoy en día, los consumidores esperan que las marcas les hablen de manera personalizada, que entiendan sus preferencias y que ofrezcan productos o servicios adaptados a sus necesidades individuales. La tecnología facilita mucho la personalización, ya que te permite recopilar datos sobre tus clientes y usarlos para ofrecer recomendaciones específicas. Por ejemplo, si tienes una tienda en línea, puedes personalizar la experiencia de compra sugiriendo productos basados en las compras anteriores de tus clientes o en los artículos que han visto recientemente. Cuanto más personalizada sea la experiencia, más probable será que los clientes sientan que la marca los conoce y los entiende, lo que refuerza el vínculo emocional y aumenta la lealtad.

El servicio al cliente también juega un papel fundamental en la creación de una experiencia que enamore. No importa lo bueno que sea tu producto si el servicio al cliente es deficiente o poco atento. Los clientes quieren sentirse escuchados y apoyados cuando tienen un problema o una duda. Por lo tanto, es esencial ofrecer un servicio al cliente de alta calidad, que sea rápido, eficiente y amigable. Responder a las consultas de los clientes con prontitud, resolver problemas de manera efectiva y tratar a cada persona con respeto y amabilidad son factores que generan una gran diferencia. Si logras que tus clientes sientan que realmente te importa su satisfacción, estarán mucho más inclinados a seguir comprando en tu marca y a recomendarla a otros.

Otra manera de crear una experiencia memorable es ofrecer valor añadido en cada interacción. Esto no significa necesariamente dar descuentos o regalos, sino ofrecer algo que sea útil, entretenido o inspirador para tus clientes. Podría ser contenido exclusivo, como tutoriales, guías o videos detrás de escenas que muestren cómo se fabrican tus productos. También puedes organizar eventos especiales, ya sean en línea o presenciales, donde los clientes puedan aprender más sobre tu marca o interactuar con tu equipo. Al proporcionar valor de manera continua, más allá del producto o servicio que vendes, estarás construyendo una relación más profunda y significativa con tu audiencia.

La experiencia del cliente también debe ser fácil y sin fricciones. En un mundo en el que las personas valoran cada vez más su tiempo, ofrecer una experiencia fluida y sin complicaciones es esencial para enamorar a los clientes. Desde el proceso de compra hasta el servicio posventa, todo debe ser lo más sencillo posible. Si tienes una tienda en línea, asegúrate de que sea fácil de navegar, que el proceso de pago sea rápido y que la entrega sea eficiente. Si los clientes tienen que pasar por muchos pasos complicados para comprar tu producto o resolver un problema, es probable que se frustren y busquen otra opción. Al hacer que la experiencia sea lo más cómoda posible, estarás facilitando que los clientes disfruten de cada interacción con tu marca.

La transparencia y la honestidad también son elementos clave para crear una experiencia que enamore. Los clientes valoran las marcas que son transparentes y que comunican con claridad. Si cometes un error, es importante admitirlo y resolverlo de manera rápida y efectiva. Las personas entienden que los errores ocurren, pero lo que realmente marca la diferencia es cómo los enfrentas. Ser honesto con tus clientes, mostrarte humano y buscar siempre mejorar la experiencia demostrará que te importa su satisfacción. La transparencia genera confianza, y cuando los clientes confían en tu marca, es más probable que se sientan conectados a nivel emocional y que te sigan eligiendo.

Crear una experiencia que enamore a tus clientes también implica pensar en los pequeños detalles. Son esos toques sutiles los que a menudo hacen la diferencia. Puede ser algo tan simple como el empaque de tu producto, el diseño de tu sitio web o el tono de tus mensajes en las redes sociales. Los pequeños detalles muestran que te importa la experiencia completa de tus clientes, no solo la transacción. Un empaque bonito o un correo de agradecimiento después de una compra puede parecer algo pequeño, pero esos detalles son los que muchas veces dejan una impresión duradera y hacen que los clientes hablen de tu marca con sus amigos y familiares.

En resumen, crear una experiencia que enamore a tus clientes requiere un enfoque centrado en ellos, con un entendimiento profundo de sus necesidades y deseos. Implica ofrecer un servicio personalizado, sorprender con pequeños gestos, ser coherente con los valores de tu marca y proporcionar valor en cada interacción. También es importante hacer que la experiencia sea lo más sencilla posible, ser transparente en todo momento y prestar atención a los pequeños detalles. Cuando logras crear una experiencia que toque las emociones de tus clientes, no solo ganarás ventas, sino que estarás construyendo relaciones a largo plazo que harán que las personas vuelvan una y otra vez, y que se conviertan en verdaderos embajadores de tu marca.

El Poder del Storytelling en tu Marca

El storytelling, o contar historias, es una de las herramientas más poderosas que una marca puede utilizar para conectar con su audiencia. A lo largo de la historia, las personas hemos contado historias para transmitir conocimientos, valores y emociones. Las historias tienen la capacidad de captar nuestra atención, hacernos sentir parte de algo más grande y generar conexiones profundas. Aplicar esta técnica en tu marca puede hacer una gran diferencia, ya que permite humanizar tu negocio, hacerlo más cercano y memorable para quienes lo descubren.

El poder del storytelling en tu marca radica en su capacidad de generar una conexión emocional con tus clientes. Las personas no solo compran productos por lo que son, sino por lo que significan. Cuando compras un par de zapatillas de una marca reconocida, no estás comprando solo el calzado, sino también la idea de pertenecer a un grupo, adoptar un estilo de vida o expresar ciertos valores. Las historias ayudan a transmitir esas ideas de forma más poderosa que cualquier lista de características o beneficios. Una historia bien contada puede hacer que un cliente se identifique con tu marca de manera profunda, creando un vínculo que va más allá de una simple transacción.

Contar la historia de tu marca no significa simplemente hablar de cuándo y dónde fue fundada, o de los productos que ofreces. Se trata de compartir lo que hay detrás, el porqué de tu existencia, los valores que te impulsan y los desafíos que has superado. A los consumidores les gusta saber que detrás de una marca hay personas reales, con sueños, metas y dificultades. Esto hace que tu marca sea más auténtica y que los clientes puedan sentir que no están solo comprando un producto, sino que están apoyando una causa o formando parte de algo más significativo.

Una de las claves del storytelling es la autenticidad. Las historias que realmente resuenan son aquellas que son genuinas, que reflejan la verdad detrás de tu marca. No tienes que inventar una narrativa grandiosa o exagerada; lo importante es que sea honesta. Las personas tienen un radar muy fino para detectar lo que es falso o forzado, por lo que siempre es mejor ser auténtico. Si tu historia es humilde, pero está contada con sinceridad, será mucho más efectiva que una historia grandilocuente que no se siente real. La autenticidad crea confianza, y la confianza es esencial para que los clientes se sientan conectados con tu marca.

El storytelling también puede ayudarte a diferenciarte en un mercado saturado. Hoy en día, hay muchas marcas que ofrecen productos o servicios similares, y lo que muchas veces hace que una se destaque sobre las demás es la historia que hay detrás. Imagina que vendes café. Hay miles de marcas de café en el mercado, pero si logras contar la historia de cómo tu café proviene de pequeños agricultores que cuidan la tierra y practican métodos sostenibles, o cómo cada grano es seleccionado con cuidado para asegurar la mejor calidad, estás añadiendo un valor que va más allá del producto en sí. De repente, tu café no es solo una bebida, sino una experiencia que tiene un significado, y eso es algo que muchas personas estarán dispuestas a pagar.

Otro aspecto importante del storytelling es que permite crear una narrativa en torno a la experiencia del cliente. Las marcas exitosas no solo cuentan su historia, sino que también invitan a sus clientes a formar parte de ella. Esto se puede lograr de muchas maneras, como compartir testimonios de clientes satisfechos, mostrar cómo tus productos han mejorado la vida de las personas o incluso invitar a tus clientes a contar sus propias historias en relación con tu marca. Cuando las personas sienten que son parte de la historia de una marca, su lealtad aumenta considerablemente, ya que se sienten más conectadas a nivel emocional.

El poder del storytelling también se extiende a cómo presentas tus productos. No es lo mismo simplemente enumerar las características técnicas de un producto que contar la historia de cómo fue creado, qué inspiró su diseño o cómo ha sido probado en condiciones extremas para asegurar su calidad. Una historia bien contada puede hacer que algo tan simple como una chaqueta impermeable se convierta en el símbolo de aventura y resistencia. Esta es una estrategia que muchas marcas de éxito han utilizado: no venden productos, venden experiencias y emociones.

Las emociones son el corazón del storytelling. Cuando cuentas una historia que toca las emociones de las personas, es más probable que recuerden tu marca y que se sientan más inclinadas a elegirte sobre la competencia. Las emociones como la alegría, la sorpresa, la nostalgia o incluso la tristeza pueden ser muy poderosas si se utilizan de la manera correcta. No se trata de manipular a las personas, sino de mostrar el lado humano de tu marca y de permitir que tus clientes sientan que hay algo más profundo detrás de lo que estás ofreciendo.

Un aspecto interesante del storytelling es que puede evolucionar con el tiempo. A medida que tu marca crece y se enfrenta a nuevos desafíos, puedes continuar contando nuevas historias. Las historias de éxito, las dificultades superadas, los momentos clave en la historia de tu marca son oportunidades para seguir conectando con tu audiencia. Las personas disfrutan viendo la evolución de algo en lo que creen, y cuando compartes los hitos importantes de tu marca con tu audiencia, les estás permitiendo ser parte de ese viaje.

Además, las historias que cuentas no siempre tienen que estar centradas en tu marca. También puedes contar historias que hablen de los valores que representan a tu empresa o de los temas que son importantes para tu audiencia. Por ejemplo, si tu marca promueve un estilo de vida saludable, puedes compartir historias inspiradoras de personas que han transformado su vida a través de hábitos saludables. Estas historias no solo refuerzan el mensaje de tu marca, sino que también ofrecen valor a tu audiencia, lo que a su vez fortalece la relación que tienen contigo.

El medio en el que cuentas tu historia también importa. Hoy en día, las marcas tienen muchas plataformas para contar sus historias, desde las redes sociales hasta los blogs y videos. Cada plataforma tiene su propio estilo y formato, y es importante adaptar tu historia a cada una de ellas. Un video corto y emotivo en Instagram puede captar la atención de las personas de una manera que un texto largo no lo haría, mientras que un blog detallado puede ser una excelente manera de profundizar en la historia de tu marca para aquellos que quieren saber más. Aprovechar estas plataformas de manera creativa te permitirá llegar a diferentes tipos de audiencia y mantener tu historia fresca y relevante.

Por último, el storytelling es una herramienta que también puede generar un impacto social positivo. Si tu marca está comprometida con una causa social o ambiental, contar la historia de cómo estás contribuyendo a esa causa puede inspirar a tus clientes y hacer que se sientan orgullosos de apoyar tu negocio. Las marcas que son vistas como agentes de cambio positivo en el mundo suelen tener seguidores mucho más leales, ya que las personas quieren sentirse parte de algo más grande que ellos mismos.

En resumen, el storytelling tiene un poder inmenso para construir una conexión emocional, diferenciar tu marca y crear una comunidad fiel. Contar la historia de tu marca, ser auténtico, emocional y constante en tu narrativa son factores clave para atraer a tu audiencia y hacer que se sientan identificados contigo.

Cuando las personas sienten que están comprando no solo un producto, sino también una historia con la que pueden relacionarse, es más probable que se conviertan en clientes fieles y defensores de tu marca a largo plazo.

Evelyn Wright

Humanizando tu Marca Personal

Humanizar tu marca personal es un paso crucial para conectar de manera auténtica con tu audiencia y diferenciarte en un mundo cada vez más competitivo. Una marca personal humanizada no solo se trata de mostrar lo que haces o vender lo que ofreces, sino de compartir quién eres, cuáles son tus valores y cómo te relacionas con las personas que te siguen o compran tus productos y servicios. Al mostrarte tal como eres, sin artificios ni máscaras, logras generar una conexión mucho más profunda, ya que las personas tienden a confiar más en aquellos que consideran auténticos y cercanos.

El primer paso para humanizar tu marca personal es ser transparente. La transparencia genera confianza, y la confianza es la base de cualquier relación, ya sea personal o comercial. No tienes que ser perfecto ni fingir que lo eres. De hecho, compartir algunos de tus desafíos y fracasos puede hacer que las personas se sientan identificadas contigo. Todos enfrentamos dificultades en algún momento, y cuando muestras vulnerabilidad, dejas claro que eres una persona real, como cualquier otra. Esto crea una conexión más sincera y te hace parecer accesible.

Otra forma de humanizar tu marca personal es compartiendo tus valores y creencias. Las personas buscan conectarse con otros que comparten sus ideales o visiones del mundo. Si para ti la honestidad, la empatía o la sostenibilidad son importantes, no dudes en transmitirlo. Tus valores son una parte fundamental de lo que eres, y cuando los comunicas, atraes a personas que se alinean con esas creencias. Esto no solo fortalece la relación con tu audiencia, sino que también te ayuda a crear una comunidad que va más allá de una simple relación comercial.

La autenticidad es clave para humanizar tu marca personal. Ser auténtico significa ser tú mismo, sin tratar de ser alguien que no eres o actuar de acuerdo con lo que crees que los demás esperan de ti. En un mundo donde muchos buscan proyectar una imagen de perfección en redes sociales, ser auténtico puede ser un soplo de aire fresco para tu audiencia. No se trata de compartir cada detalle de tu vida, sino de ser coherente con quien eres y con lo que representas. Si intentas proyectar una imagen que no es real, tarde o temprano las personas lo notarán, y esto puede afectar negativamente la confianza que han depositado en ti.

El storytelling, o contar tu historia, también juega un papel importante en la humanización de tu marca personal. Contar la historia de cómo llegaste hasta donde estás, las dificultades que has enfrentado y las lecciones que has aprendido a lo largo del camino puede ser muy poderoso. Las personas aman las historias porque nos ayudan a entender y a conectar con los demás. Cuando compartes tu historia, ofreces a tu audiencia una visión más profunda de quién eres y qué te impulsa. Esto no solo te hace más humano, sino que también permite que las personas se sientan más cercanas a ti y, por lo tanto, más inclinadas a apoyarte.

La interacción genuina con tu audiencia es otra forma de humanizar tu marca personal. En lugar de tratar a las personas como simples números o seguidores, es importante verlas como seres humanos con sus propias necesidades, preguntas e inquietudes. Responder a sus mensajes, comentarios o correos de manera auténtica y personalizada puede hacer una gran diferencia. Esto demuestra que valoras a las personas que te siguen y que estás dispuesto a dedicar tiempo para interactuar con ellas. A largo plazo, esto fortalece la relación y hace que tu audiencia se sienta más conectada contigo.

Mostrar el "detrás de escena" de tu vida o negocio también es una estrategia efectiva para humanizar tu marca personal. Las personas suelen ver el resultado final, pero rara vez tienen la oportunidad de conocer el proceso que hay detrás. Compartir cómo trabajas, los retos que enfrentas en tu día a día, o incluso momentos más relajados de tu vida personal, hace que te perciban como alguien más cercano. Estos momentos más espontáneos y auténticos permiten que tu audiencia vea el lado más humano y real de tu marca. No tienes que compartir todo, pero mostrar pequeños fragmentos de tu vida puede ser suficiente para crear un vínculo más fuerte.

El lenguaje que utilizas también es importante para humanizar tu marca personal. Hablar de forma clara, accesible y amigable hace que las personas se sientan más cómodas contigo. Evita el uso excesivo de tecnicismos o un tono demasiado formal, a menos que tu audiencia lo requiera. En su lugar, busca comunicarte como lo harías con un amigo cercano, con naturalidad y empatía. Cuanto más humana sea tu forma de hablar y de interactuar, más fácil será que las personas se identifiquen contigo.

Es importante recordar que la humanización de tu marca personal no solo se trata de mostrar tu lado positivo o los momentos de éxito, sino también de compartir los desafíos y obstáculos que enfrentas. La vida no es perfecta, y cuando muestras los momentos difíciles, das a entender que eres una persona real que también tiene problemas. Esto no solo te hace más relatable, sino que también puede inspirar a otros que estén pasando por situaciones similares. Ver cómo enfrentas las dificultades y sigues adelante puede ser una fuente de motivación para tu audiencia.

Además, involucrar a tu comunidad en el proceso es otra forma poderosa de humanizar tu marca. Puedes pedir opiniones, ideas o sugerencias a tus seguidores sobre temas que te interesen o que estén relacionados con tu marca. Hacer que las personas se sientan escuchadas y valoradas fortalece la relación y crea un sentido de pertenencia. Cuando los seguidores sienten que son parte de algo más grande y que tienen una voz, se sienten más comprometidos con tu marca personal.

Otra forma de humanizar tu marca personal es colaborar con otras personas o marcas que compartan tus valores. Las colaboraciones pueden mostrar un lado diferente de tu personalidad y ampliar tu alcance a nuevas audiencias, pero lo más importante es que reflejan tu capacidad para trabajar en equipo y compartir tus éxitos con otros. Estas asociaciones también pueden dar lugar a nuevas historias y experiencias que puedes compartir con tu audiencia, lo que agrega más capas a la humanización de tu marca.

Finalmente, para humanizar tu marca personal es fundamental mantener la coherencia entre lo que dices y lo que haces. Si hablas de la importancia de la empatía, pero luego no la practicas en tus interacciones, las personas notarán esa incongruencia. Las acciones hablan más fuerte que las palabras, y una marca personal humanizada debe estar respaldada por comportamientos que refuercen los valores y principios que promueves. La consistencia en cómo te presentas al mundo, en todos los aspectos de tu vida profesional y personal, refuerza la credibilidad y solidez de tu marca.

En resumen, humanizar tu marca personal implica ser transparente, auténtico, accesible y coherente en cada aspecto de tu interacción con los demás. Al compartir tus valores, contar tu historia, interactuar genuinamente con tu audiencia y mostrar el proceso detrás de lo que haces, logras crear una conexión más profunda y duradera con las personas. Las marcas personales que se humanizan tienen la capacidad de destacar en un mundo lleno de competencia, porque no solo se enfocan en vender, sino en crear relaciones significativas con aquellos que las siguen.

De lo Local a lo Global

Pasar de lo local a lo global es uno de los sueños de muchas marcas. Es el momento en el que una empresa o marca personal trasciende las fronteras geográficas y llega a públicos de diferentes partes del mundo. En la era digital en la que vivimos, este proceso es más accesible que nunca, ya que internet ha derribado muchas de las barreras que antes limitaban a las marcas a su área geográfica. Sin embargo, hacer este salto no se trata solo de vender a más personas; se trata de adaptarse a diferentes culturas, entender nuevos mercados y mantener la esencia de tu marca mientras creces a escala global.

El primer paso para llevar una marca de lo local a lo global es entender tu propio mercado local. Es crucial saber qué es lo que hace a tu marca exitosa en el contexto donde comenzó. ¿Qué es lo que la gente aprecia de ti? ¿Cuáles son los productos o servicios que más se venden? ¿Qué valores o características representan mejor tu marca? Al comprender esto, puedes identificar qué aspectos de tu marca deben mantenerse constantes a medida que expandes tu alcance. La coherencia es clave; las marcas que logran crecer de manera global lo hacen sin perder de vista aquello que las hizo únicas en primer lugar.

Una vez que entiendes bien tu mercado local, el siguiente paso es hacer una investigación detallada de los mercados internacionales que te interesan. Cada país y región tiene sus propias preferencias, comportamientos y costumbres de consumo. Lo que funciona en un lugar puede no tener el mismo éxito en otro, por lo que es fundamental conocer las particularidades del mercado al que quieres entrar. ¿Cuáles son las tendencias de consumo? ¿Cómo se comporta la competencia? ¿Qué productos o servicios son más demandados? Estas preguntas son esenciales para tomar decisiones informadas sobre cómo adaptar tu marca al nuevo mercado.

El idioma es un aspecto crucial a considerar cuando quieres expandirte de lo local a lo global. Aunque el inglés es un idioma ampliamente utilizado en los negocios internacionales, no todas las personas lo hablan o lo entienden de manera fluida. Dependiendo de los mercados a los que te dirijas, es probable que tengas que traducir no solo tus productos, sino también tu contenido y mensajes de marketing. Sin embargo, no se trata solo de una traducción literal; debes asegurarte de que la adaptación cultural sea precisa. Las palabras y frases que son comunes en un país pueden no tener el mismo impacto en otro, o incluso pueden ser malinterpretadas. Es importante contar con expertos en localización que puedan ayudarte a asegurarte de que tu mensaje se mantenga claro y efectivo en cualquier idioma.

Otro aspecto importante en la expansión global es el marketing y la publicidad. La estrategia que utilizas para promocionar tu marca localmente puede no ser tan efectiva en mercados internacionales. Las plataformas de redes sociales, las tendencias de marketing y los hábitos de consumo varían de un país a otro. Por ejemplo, mientras que Facebook y YouTube son plataformas globales, en algunos países como China, las redes sociales locales como WeChat o Weibo son más relevantes. Adaptar tu estrategia de marketing a las plataformas y preferencias locales puede hacer una gran diferencia en cómo se recibe tu marca en nuevos mercados.

La logística es otro desafío importante cuando llevas una marca de lo local a lo global. Debes asegurarte de que tu producto pueda ser entregado de manera eficiente y económica en diferentes países. Esto implica no solo trabajar con buenos proveedores y sistemas de envío, sino también entender las leyes y regulaciones locales sobre importación y exportación. En algunos casos, puede que tengas que ajustar tu empaquetado o etiquetado para cumplir con las normas de un país en particular. También es crucial tener en cuenta los tiempos de entrega y las expectativas del cliente. Los consumidores de diferentes países pueden tener expectativas distintas en cuanto a cuánto tiempo están dispuestos a esperar por un producto, por lo que es importante ajustar tus procesos para cumplir con esas expectativas.

Un tema que no se puede ignorar cuando hablamos de ir de lo local a lo global es la cultura. Cada país tiene su propia identidad cultural, y lo que puede ser un producto o mensaje de marketing exitoso en un país, puede no resonar en otro debido a diferencias culturales. Es fundamental tener en cuenta las costumbres, las creencias y los valores de los nuevos mercados a los que te diriges. Si logras adaptar tu marca de manera respetuosa y apropiada a la cultura local, tienes más posibilidades de generar una conexión más profunda con el público. Por otro lado, si no prestas atención a estos detalles, podrías cometer errores que dañen tu reputación y te alejen de los consumidores.

Sin embargo, expandir una marca a nivel global no significa que debas renunciar a tu identidad local. Las marcas más exitosas son aquellas que logran encontrar un equilibrio entre mantener su esencia y adaptarse a los diferentes mercados. Un gran ejemplo de esto es cómo algunas marcas de comida rápida han ajustado sus menús en diferentes países para respetar las tradiciones alimenticias locales, pero al mismo tiempo mantienen algunos de sus productos insignia que las hacen reconocibles en todo el mundo. Este enfoque híbrido, que mezcla lo global con lo local, permite que las marcas se sientan cercanas y relevantes para una audiencia más amplia.

La tecnología también juega un papel fundamental en la expansión global. Las plataformas de comercio electrónico, las redes sociales y las herramientas de marketing digital permiten que incluso pequeñas marcas locales puedan alcanzar una audiencia global sin necesidad de contar con una infraestructura física en cada país. Estas herramientas facilitan la gestión de operaciones a distancia, la comunicación con clientes internacionales y la venta de productos en múltiples mercados. Aprovechar la tecnología de manera eficiente puede ser una gran ventaja competitiva para marcas que buscan expandirse más allá de sus fronteras.

Otro aspecto a considerar es el servicio al cliente. Cuando tu marca se vuelve global, es importante poder ofrecer atención al cliente en diferentes idiomas y zonas horarias. Los consumidores valoran una experiencia fluida y accesible, por lo que contar con un equipo de atención al cliente que pueda responder preguntas y resolver problemas de manera rápida y eficiente es clave para mantener una buena reputación en el extranjero. Muchas marcas optan por utilizar chatbots o servicios de atención al cliente automatizados, pero es esencial que estos sistemas funcionen bien en todos los idiomas que manejes y que ofrezcan respuestas útiles.

La expansión global también puede traer consigo nuevos retos financieros. Los costos de operar en diferentes países, los impuestos internacionales, las tarifas de envío y los cambios en el tipo de cambio son factores que pueden afectar tu margen de ganancias. Es importante trabajar con un equipo financiero que tenga experiencia en operaciones internacionales y que pueda ayudarte a gestionar estos desafíos de manera efectiva. Planificar y presupuestar adecuadamente es esencial para garantizar que tu expansión sea rentable y sostenible en el tiempo.

Finalmente, llevar tu marca de lo local a lo global es un proceso gradual. No es necesario que te expandas a muchos países de una vez. De hecho, es más recomendable comenzar por mercados cercanos o más fáciles de penetrar antes de ir a aquellos que son más desafiantes. A medida que adquieres experiencia en la gestión de mercados internacionales, puedes ir ampliando tu alcance de manera más segura y controlada. La clave está en ser paciente, adaptarse a los cambios y estar siempre dispuesto a aprender de cada nuevo desafío.

En conclusión, la expansión de una marca de lo local a lo global es una oportunidad emocionante y desafiante a la vez. Implica adaptar tu estrategia de marketing, aprender sobre nuevos mercados, ajustar tus procesos logísticos y mantener la coherencia en tu identidad. Sin embargo, con la planificación adecuada, una mentalidad abierta y la disposición a aprender y adaptarte, es posible llevar tu marca más allá de sus fronteras originales y convertirla en una marca con impacto global.

Colaboraciones y Embajadores de Marca

Las colaboraciones y los embajadores de marca son dos de las estrategias más poderosas que puedes utilizar para fortalecer tu marca y aumentar su visibilidad. En un mundo donde la competencia es cada vez mayor y los consumidores están bombardeados con información, encontrar formas auténticas y efectivas de conectar con tu audiencia es fundamental. Las colaboraciones y los embajadores de marca te permiten llegar a nuevas audiencias, fortalecer la credibilidad de tu marca y crear un vínculo más cercano con los consumidores.

Comencemos con las colaboraciones. Colaborar con otras marcas, empresas o personas puede ser una excelente manera de expandir tu alcance y atraer a nuevos clientes. Las colaboraciones no tienen que ser complicadas o costosas, pero sí deben ser estratégicas. Es importante que elijas socios que compartan los mismos valores o que complementen lo que tú ofreces. Por ejemplo, si tienes una marca de ropa, podrías colaborar con una marca de accesorios que tenga una audiencia similar, pero que ofrezca productos diferentes a los tuyos. De esta manera, ambos ganan exposición ante nuevas audiencias, sin que ninguno de los dos vea a la otra parte como competencia.

Las colaboraciones pueden tomar muchas formas. Una de las más comunes es el co-branding, donde dos marcas se unen para crear un producto o servicio único que combina lo mejor de ambas. Esto no solo genera interés entre los consumidores, sino que también añade valor a lo que cada marca ofrece. Un buen ejemplo de esto son las colaboraciones entre marcas de tecnología y moda, donde el diseño de un producto lleva la firma de ambas empresas, lo que crea un artículo atractivo para los seguidores de ambas marcas. Sin embargo, las colaboraciones no se limitan solo a productos; también pueden incluir eventos conjuntos, campañas publicitarias o contenido compartido en redes sociales.

El éxito de una colaboración depende en gran medida de la alineación entre las marcas. Si las marcas tienen públicos objetivos completamente diferentes o valores contradictorios, la colaboración puede no resonar bien. Es esencial que exista una coherencia y que ambas partes se beneficien mutuamente. Las colaboraciones exitosas crean una sinergia donde la suma es mayor que las partes. Es decir, la colaboración aporta más valor que si ambas marcas hubieran actuado por separado. Por ello, debes elegir cuidadosamente con quién te asocias y qué tipo de colaboración tiene más sentido para tu marca.

Por otro lado, los embajadores de marca son otra forma efectiva de crear un vínculo más cercano entre tu marca y tus consumidores. Los embajadores de marca son personas que representan tu marca de manera positiva y ayudan a promoverla ante su propia audiencia. Estos embajadores pueden ser figuras públicas, influencers o incluso clientes comunes que aman tu marca y están dispuestos a compartir su experiencia con otras personas. La clave es que el embajador de marca sea auténtico y creíble, y que su relación con tu marca no se perciba como puramente comercial.

Elegir un buen embajador de marca implica encontrar a alguien que realmente conecte con los valores de tu empresa. No se trata solo de elegir a la persona más famosa o con más seguidores en redes sociales, sino de seleccionar a alguien que realmente use y aprecie tus productos o servicios. Cuando un embajador de marca habla de tu empresa desde su propia experiencia, las personas que lo siguen perciben ese mensaje como más genuino y confiable. Esto es crucial en un entorno donde la publicidad tradicional muchas veces es ignorada o vista con escepticismo.

El trabajo de un embajador de marca puede variar dependiendo de la estrategia que elijas. Algunos embajadores de marca se enfocan en crear contenido para redes sociales, compartiendo publicaciones o videos donde utilizan tus productos. Otros pueden participar en eventos de la marca o en campañas publicitarias. También es común que los embajadores de marca generen reseñas o testimonios que luego puedas compartir en tu sitio web o plataformas digitales. Lo más importante es que su participación siempre se sienta natural y alineada con la imagen de tu marca.

Una de las ventajas de trabajar con embajadores de marca es que muchas veces tienen una relación más cercana y directa con sus seguidores que las grandes empresas. Los consumidores suelen confiar en las recomendaciones de personas a las que consideran pares o referentes, lo que hace que el mensaje llegue de manera más efectiva. Cuando un embajador de marca habla de manera positiva sobre un producto, las personas se sienten más inclinadas a probarlo porque viene de alguien en quien confían. Además, el embajador suele estar en contacto constante con su audiencia, lo que permite que la promoción de tu marca sea continua y no solo en una única ocasión.

Es importante señalar que el éxito de una relación con embajadores de marca depende de que sea una relación mutuamente beneficiosa. No se trata solo de que el embajador hable bien de tu marca; también debes brindarle valor a él o ella. Esto puede ser en forma de productos gratuitos, compensación económica, o incluso acceso exclusivo a eventos o lanzamientos. Lo ideal es que ambas partes se sientan motivadas a trabajar juntas y que la relación sea sostenible a largo plazo.

Además de los influencers o figuras públicas, también puedes considerar a tus propios clientes como embajadores de marca. A veces, los mejores defensores de tu marca son aquellas personas que ya la usan y aman tus productos. Estas personas, aunque no tengan miles de seguidores en redes sociales, pueden ser increíblemente valiosas porque sus recomendaciones suelen ser vistas como las más sinceras y auténticas. Fomentar relaciones cercanas con tus clientes y animarlos a compartir sus experiencias puede ser una estrategia poderosa para convertirlos en embajadores de marca. Programas de recompensas o descuentos especiales pueden incentivarlos a hablar más sobre tu marca entre sus amigos y familiares.

Es fundamental medir el impacto de las colaboraciones y de los embajadores de marca. No basta con lanzar una campaña y esperar resultados, es importante monitorear el desempeño y evaluar qué tan efectivo ha sido el trabajo conjunto. Las métricas como el aumento en el tráfico web, el crecimiento de seguidores en redes sociales o un incremento en las ventas te pueden dar una idea de cuán efectiva ha sido la colaboración o el trabajo de los embajadores. De este modo, puedes ajustar tu estrategia para futuras colaboraciones o relaciones con embajadores de marca.

En conclusión, tanto las colaboraciones como los embajadores de marca son herramientas poderosas para hacer crecer tu negocio y conectar de manera auténtica con tu audiencia. Las colaboraciones permiten que dos marcas unan fuerzas para llegar a nuevas audiencias, mientras que los embajadores de marca ayudan a construir una conexión más personal y cercana con los consumidores. La clave está en elegir socios estratégicos que compartan tus valores y en mantener una relación auténtica con los embajadores para que su apoyo a tu marca sea genuino. Si logras hacerlo bien, estas estrategias pueden ayudar a llevar tu marca a un nuevo nivel de éxito y reconocimiento.

Medición y Optimización del Éxito de tu Marca

Medir y optimizar el éxito de tu marca es una parte crucial para asegurar que tu negocio siga creciendo de manera constante y efectiva. Aunque puede parecer complicado al principio, entender cómo evaluar el rendimiento de tu marca es más simple de lo que parece. En esencia, se trata de analizar lo que está funcionando, lo que no lo está, y ajustar tu estrategia en base a los resultados. En este capítulo, exploraremos cómo medir el éxito de una marca y cómo hacer los ajustes necesarios para mejorar su rendimiento con el tiempo.

El primer paso para medir el éxito de tu marca es definir claramente qué significa el "éxito" para ti. El éxito de una marca puede tener diferentes significados dependiendo de tus objetivos. Para algunas marcas, el éxito puede ser un aumento en las ventas o una mayor participación en el mercado. Para otras, puede significar un mayor reconocimiento de la marca, una mejora en la percepción pública, o una mayor lealtad de los clientes. Por eso, antes de medir cualquier cosa, es importante establecer metas claras y específicas. ¿Quieres aumentar tus seguidores en redes sociales? ¿Deseas que más personas compren tu producto en línea? ¿O te gustaría mejorar la satisfacción de tus clientes? Definir estos objetivos te dará una guía clara sobre qué aspectos de tu marca debes medir.

Una vez que tengas tus objetivos claros, el siguiente paso es identificar los indicadores clave de rendimiento (KPIs) que te permitirán medir el éxito de tu marca. Los KPIs son métricas que te ayudan a evaluar si estás alcanzando tus metas. Algunos de los KPIs más comunes incluyen el crecimiento en el número de seguidores en redes sociales, el tráfico a tu sitio web, las conversiones de ventas, la tasa de retención de clientes y el nivel de satisfacción del cliente. Por ejemplo, si tu objetivo es aumentar el reconocimiento de tu marca, uno de tus KPIs podría ser el número de menciones o interacciones en redes sociales. Si tu objetivo es mejorar las ventas, un KPI clave podría ser el número de ventas generadas a través de campañas de marketing específicas.

Las redes sociales son una de las herramientas más poderosas para medir el éxito de una marca. Plataformas como Facebook, Instagram y Twitter ofrecen una gran cantidad de datos que pueden ayudarte a entender cómo está interactuando tu audiencia con tu marca. Puedes analizar métricas como el número de "me gusta", comentarios, compartidos y seguidores. Estas métricas te dan una idea de cuánto interés está generando tu marca entre tu público objetivo. Además, muchas de estas plataformas ofrecen herramientas de análisis que te permiten ver en detalle qué tipo de publicaciones están generando más interacción y cuáles no están funcionando tan bien. Esto te permite ajustar tu contenido y estrategia de redes sociales para mejorar los resultados.

Otro aspecto importante para medir el éxito de tu marca es el tráfico web. Tu sitio web es el centro de tu presencia en línea, y entender cómo los usuarios interactúan con él puede proporcionarte una gran cantidad de información valiosa. Herramientas como Google Analytics te permiten medir cuántas personas visitan tu sitio, cuánto tiempo pasan en él, qué páginas visitan y desde dónde provienen. Si ves que el tráfico a tu sitio está aumentando, es una señal de que tu marca está generando interés. Pero si las personas visitan tu sitio y se van rápidamente sin realizar ninguna acción (como hacer una compra o suscribirse a tu boletín), entonces puede ser una señal de que necesitas optimizar tu sitio web o ajustar tu mensaje.

Las encuestas de satisfacción del cliente son otra forma poderosa de medir el éxito de tu marca. Preguntar directamente a tus clientes qué piensan de tus productos o servicios te permite obtener una retroalimentación valiosa que puede ayudarte a mejorar. Puedes hacer encuestas por correo electrónico, en tu sitio web o incluso en redes sociales. Pregunta a tus clientes si están satisfechos con lo que les ofreces, qué mejoras les gustaría ver y cómo describirían su experiencia general con tu marca. La clave es hacer preguntas abiertas y estar dispuesto a recibir tanto críticas como elogios. Las críticas, aunque a veces difíciles de escuchar, son una oportunidad para mejorar y ajustar lo que no está funcionando.

La tasa de retención de clientes es uno de los indicadores más importantes para medir el éxito a largo plazo de tu marca.

Conseguir nuevos clientes es importante, pero retener a los que ya tienes es clave para construir una marca sólida. La retención de clientes mide cuántas personas continúan comprando o utilizando tus servicios después de la primera vez. Si descubres que muchos de tus clientes no regresan, es posible que debas analizar qué aspectos de tu marca o servicio necesitan ajustes. Tal vez necesitas mejorar el servicio al cliente, ofrecer programas de lealtad o simplemente comunicarte de manera más efectiva con ellos.

Una vez que hayas reunido todos estos datos, el siguiente paso es optimizar. Optimizar significa hacer ajustes y mejoras en base a la información que has recopilado. Si notas que ciertas publicaciones en redes sociales tienen más éxito que otras, puedes comenzar a enfocarte más en ese tipo de contenido. Si descubres que ciertas páginas de tu sitio web no están generando conversiones, es posible que debas reconsiderar el diseño o la información que presentas en esas páginas. La clave para la optimización es estar siempre dispuesto a hacer cambios y a experimentar con nuevas ideas.

Otro aspecto importante de la optimización es realizar pruebas A/B. Las pruebas A/B son una técnica en la que creas dos versiones diferentes de una campaña de marketing, una página web o un anuncio y las pruebas para ver cuál tiene un mejor rendimiento. Por ejemplo, podrías probar dos titulares diferentes para un anuncio en redes sociales y ver cuál genera más clics. O podrías probar dos versiones de una página de inicio en tu sitio web para ver cuál convierte a más visitantes en clientes. Las pruebas A/B te permiten tomar decisiones basadas en datos y no solo en suposiciones, lo que aumenta la probabilidad de éxito.

La optimización de una marca no es algo que se haga una sola vez; es un proceso continuo. El mercado está en constante cambio, y las preferencias de los consumidores también evolucionan con el tiempo. Por eso, es importante revisar y ajustar regularmente tu estrategia de marca en base a los resultados que estás obteniendo. Mantente al tanto de las nuevas tendencias, observa lo que están haciendo tus competidores y escucha siempre a tus clientes. Esto te permitirá mantener tu marca fresca y relevante en un entorno en constante cambio.

Además, no debes olvidar medir y optimizar no solo los aspectos externos de tu marca, como la publicidad y el contenido, sino también los aspectos internos. Evalúa cómo está funcionando tu equipo de marketing, si las herramientas que utilizas son las adecuadas y si tus procesos internos son eficientes. A veces, mejorar la eficiencia interna puede tener un impacto positivo directo en el éxito de tu marca, ya que permite que todo funcione de manera más fluida y rápida.

Finalmente, es importante recordar que medir el éxito de tu marca no se trata solo de números. Aunque las métricas son útiles, también debes considerar el aspecto cualitativo de tu marca. ¿Qué opinan las personas sobre tu marca? ¿Qué emociones genera? A veces, un solo cliente satisfecho puede ser más valioso que mil seguidores en redes sociales si ese cliente está tan impresionado con tu marca que se convierte en un defensor leal. Las historias de éxito personal, las reseñas positivas y las relaciones sólidas con los clientes son signos de que tu marca está teniendo un impacto positivo, algo que a menudo no puede ser medido solo con estadísticas.

En resumen, medir y optimizar el éxito de tu marca es un proceso continuo que implica definir metas claras, monitorear las métricas clave y hacer ajustes estratégicos para mejorar constantemente. Desde el análisis de redes sociales y el tráfico web hasta las encuestas de satisfacción del cliente y la retención, hay muchas formas de obtener información valiosa sobre cómo está funcionando tu marca. La clave está en ser proactivo, estar dispuesto a aprender y siempre estar dispuesto a hacer cambios para llevar tu marca al siguiente nivel.

Haz que la Gente Ame Comprar tu Marca

Hacer que la gente ame comprar tu marca es, sin duda, el objetivo más deseado por cualquier emprendedor o empresa. No se trata solo de vender un producto o un servicio; se trata de crear una conexión emocional entre tu marca y tus clientes. Lograr que una persona prefiera tu marca por encima de otras, incluso cuando tenga muchas opciones, requiere de una estrategia cuidadosa, que vaya más allá de una simple transacción comercial. Aquí exploraremos cómo puedes lograr que las personas no solo compren tu marca, sino que se enamoren de ella, lo que llevará a la lealtad a largo plazo.

El primer paso para lograr que la gente ame comprar tu marca es asegurarte de que entienden el valor que ofreces. Es fundamental que tu marca se presente como algo más que un producto o servicio. Debes demostrar cómo tu marca mejora la vida de las personas o resuelve un problema importante. Las personas no compran productos, compran soluciones, compran experiencias. Por ejemplo, si vendes ropa, no solo estás ofreciendo telas y costuras; estás ofreciendo estilo, confianza, y una forma de expresarse. Si vendes tecnología, no solo ofreces aparatos electrónicos, ofreces la posibilidad de simplificar y mejorar el día a día de las personas. Comunicar este valor de forma clara y directa es esencial para que los clientes sientan que están tomando la decisión correcta al comprar tu marca.

Otro factor clave para que la gente ame comprar tu marca es la experiencia de compra. Este es un punto que muchas empresas pasan por alto, pero es crucial para crear una relación positiva con el cliente. La experiencia de compra abarca todo, desde cómo los clientes encuentran tu marca, hasta el momento en que reciben el producto y más allá. Un sitio web fácil de navegar, un proceso de pago sencillo y rápido, una atención al cliente amable y eficiente, y un envío puntual son solo algunos de los aspectos que pueden marcar la diferencia. Si logras que la compra sea fácil y sin complicaciones, es más probable que los clientes regresen. La gente aprecia las marcas que cuidan de todos los detalles y que hacen que la experiencia sea fluida y agradable.

Parte importante de hacer que la gente ame comprar tu marca es crear una relación basada en la confianza. La confianza se construye siendo consistente, cumpliendo con las promesas que haces y ofreciendo un producto o servicio de calidad. Si un cliente confía en que tu marca siempre va a cumplir, estará mucho más dispuesto a comprar de ti una y otra vez. Para generar esa confianza, es vital ser transparente en todos los aspectos de tu negocio. Esto incluye ser honesto sobre lo que tu producto puede hacer, ofrecer garantías claras, y ser accesible si hay algún problema. Los clientes valoran la honestidad y prefieren marcas que no intentan vender algo que no es.

La atención al cliente es otro aspecto crítico para que la gente ame comprar tu marca. Aunque muchas personas asocian la atención al cliente con la resolución de problemas, en realidad va mucho más allá. Un servicio al cliente excepcional puede convertir una experiencia de compra común en algo memorable. Responder rápidamente a las consultas, resolver cualquier inconveniente de manera eficiente y con una actitud positiva, y mostrar interés genuino por las necesidades de tus clientes son acciones que demuestran que te importa cada persona que compra tu marca. Cuando los clientes sienten que son valorados, están más inclinados a regresar y a recomendar tu marca a otros.

También es importante personalizar la experiencia de compra tanto como sea posible. La personalización es una de las estrategias más efectivas para hacer que los clientes sientan una conexión más profunda con tu marca. Esto puede ser algo tan simple como recordar el nombre de un cliente o sus preferencias anteriores, o puede ser tan sofisticado como enviar recomendaciones personalizadas basadas en sus compras pasadas. Cuando las personas sienten que tu marca las "conoce", es más probable que desarrollen un apego emocional y que disfruten la experiencia de comprar en tu tienda. La personalización les hace sentir que no son solo otro número en tu lista de clientes, sino que son importantes para ti.

Otra estrategia poderosa para hacer que la gente ame comprar tu marca es crear una comunidad alrededor de ella. Las personas tienden a gravitar hacia las marcas que representan algo más grande que el producto en sí. Ya sea una causa social, un estilo de vida o un conjunto de valores compartidos, crear una comunidad en torno a tu marca fortalece la relación con los clientes. Puedes hacerlo a través de redes sociales, eventos, o incluso programas de fidelidad que recompensen a los clientes por su lealtad. Cuando las personas sienten que forman parte de algo, no solo compran tu marca por lo que vendes, sino por lo que representas.

Un elemento que no podemos ignorar cuando hablamos de hacer que la gente ame comprar tu marca es el aspecto emocional. Las marcas que logran establecer un vínculo emocional con sus clientes son las que más éxito tienen a largo plazo. Este vínculo emocional puede crearse de muchas maneras, como contar una historia auténtica detrás de la creación de tu marca, mostrar empatía por las necesidades de tus clientes o involucrarte en causas que sean importantes para tu público. Las emociones son poderosas, y cuando logras que tu marca evoque sentimientos positivos, los clientes no solo compran porque necesitan el producto, sino porque les hace sentir bien.

La consistencia también juega un papel clave en este proceso. No puedes esperar que la gente ame tu marca si la experiencia que ofreces es inconsistente. Cada punto de contacto con tu marca debe reflejar los mismos valores y la misma calidad. Desde tu sitio web hasta tus redes sociales, pasando por el embalaje y la presentación de tus productos, todo debe estar alineado con la imagen que deseas proyectar. Si los clientes saben qué esperar de tu marca y siempre reciben lo que esperaban o más, es mucho más probable que desarrollen un apego y una lealtad duraderos.

Por último, pero no menos importante, debes buscar constantemente superar las expectativas de tus clientes. Es en los pequeños detalles donde puedes sorprender y deleitar a tus clientes. Envíos rápidos, productos que exceden las expectativas en calidad, y sorpresas inesperadas (como una nota de agradecimiento o un pequeño obsequio) son formas sencillas pero efectivas de hacer que la gente se sienta especial. Cuando superas sus expectativas, no solo ganas una venta, sino que ganas un cliente leal que hablará positivamente de tu marca y volverá una y otra vez.

En resumen, hacer que la gente ame comprar tu marca es un proceso que requiere tiempo, esfuerzo y una estrategia bien pensada. Debes ofrecer valor, proporcionar una experiencia de compra excepcional, construir confianza, y establecer una conexión emocional con tus clientes. Además, es fundamental ser consistente y personalizar la experiencia lo más posible. Si logras aplicar estos principios, estarás en el camino correcto para no solo vender productos o servicios, sino para crear una marca que la gente realmente ame y con la que deseen seguir interactuando a lo largo del tiempo.

9 798227 514073